AF267700

LA
CHARTE DE RÉALMONT

(TARN)

(1272)

PAR

Ch. PORTAL

ANCIEN ÉLÈVE DE L'ÉCOLE DES CHARTES

ARCHIVISTE DU TARN

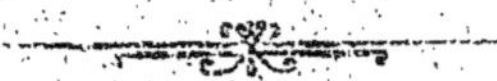

(EXTRAIT DE LA *Revue du Tarn*, 1891)

ALBI

IMPRIMERIE G.-M. NOUGUIÈS

1891

LA

CHARTE DE RÉALMONT

(TARN)

LA
CHARTE DE RÉALMONT

(TARN)

(1272)

PAR

Ch. PORTAL

ANCIEN ÉLÈVE DE L'ÉCOLE DES CHARTES

ARCHIVISTE DU TARN

(EXTRAIT DE LA *Revue du Tarn*, 1891)

ALBI

IMPRIMERIE G.-M. NOUGUIÈS

1891

LA

CHARTE DE RÉALMONT

(12 mars 1272, nouveau style)

~~~~~~~~~~~

Là méthode suivie pour la publication de ces coutumes consiste à indiquer d'abord les conditions dans lesquelles elles furent données à ceux qu'elles devaient régir, la provenance du texte qui en subsiste, ses sources, ses caractères généraux et son intérêt particulier. En second lieu, un résumé de ce document permettra de se rendre compte de ses principales dispositions, sans avoir à les lire dans une langue morte et sans être obligé de se livrer à des recherches peu attrayantes pour les grouper dans l'ordre auquel nos recueils de lois nous ont habitués. On trouvera, à leur suite, un exposé des articles additionnels qui les ont
~~~~~~~~~~~

modifiées, plus tard, dans une certaine mesure. Enfin le contrôle des interprétations
personnelles de l'éditeur sera facilité par la
référence constante de celles-ci avec les
paragraphes des statuts qui serviront ainsi
de pièce justificative.

I

Le 12 mars 1272 (4 des ides de mars 1271,
a. s.), le sénéchal de Carcassonne, Guillaume de Cohardon, fonde dans le voisinage
de Lombers (1) une *ville neuve* qu'il nomme
Réalmont et pour laquelle il rédige un texte
de coutumes. On ne saurait dire si, avant
cette époque, le lieu où devait s'élever la
nouvelle cité était habité ou non. Ce qui est
certain c'est que Bernard de Boissezon, vassal du baron de Lombers en avait été dépos-
sédé, pour cause d'hérésie, durant la guerre
des Albigeois. Simon de Montfort avait in-
féodé la baronnie au chevalier Lambert de
Thury et en 1272 le seigneur de Lombers
devait être Hugues de Montélimar (2). Cette

(1) *Lombers*, commune du canton de Réalmont,
arr. d'Albi.

(2) Les seigneurs de Lombers considérèrent comme
illégale la fondation de Réalmont par les agents du
roi , mais on convint par un accord daté de 1280

région pouvait, à juste titre, paraître suspecte, non seulement en ce qui touchait aux croyances religieuses, mais surtout quant à son attachement à la cause des vainqueurs. Il sembla donc utile d'y créer un centre administratif où, grâce à une constitution municipale qui laisserait aux officiers royaux toute l'initiative des affaires publiques, la domination nouvelle n'eût à craindre aucun échec et pût étendre son influence sur les populations voisines. D'ailleurs les troubles de toutes sortes qui résultent des guerres avaient fait de ce pays la proie des malfaiteurs et il devenait urgent d'y rétablir l'ordre. C'est là ce que nous apprend le préambule même de la coutume de Réalmont fondée *pour l'extirpation du crime d'hérésie..... et l'entière destruction des repaires de ces larrons qui depuis longtemps remplissaient les forêts aux alentours.*

que le baron de Lombers percevrait la moitié des revenus de la nouvelle ville, qu'il aurait le droit d'être consulté touchant la nomination des officiers municipaux, etc. (*Bibl. Nat. Lat. 9996 f° 99.—Hist. Lang. X p. 166).* Il n'est fait aucune allusion à ces conventions dans les articles additionnels de 1340 et par suite on est en droit de douter qu'elles aient jamais été exécutées. Quant à la généalogie des barons de Lombers, aux procès qu'ils eurent à soutenir, voir *Hist. Lang. VI p. 834, VII p. 125 et ss. IX p. 345, XII p. 307.* Le mariage de Briande de Montélimar, veuve de Lambert de Thury, avec Guy de Montfort, frère de Simon, fut l'origine de ces démêlés.

Dans ce double but, le sénéchal Guillaume de Cohardon fonda Réalmont et lui donna des statuts qui ne nous ont été transmis que par une copie de la fin du xıvᵉ siècle. (1) Ils sont insérés dans divers actes de ratification de Philippe VI (Vincennes, 15 déc. 1340 et Paris, avril 1342) et de confirmation de Charles VI (Paris, juin 1388). Ce manus - crit est donc à peu près contemporain du dernier de ces documents et il ne serait pas invraisemblable qu'il eût été copié sur la charte originale de Charles VI. Quoi qu'il en soit, il est le seul qui nous fournisse le texte de ces coutumes.

Le législateur s'est inspiré, en outre du droit écrit en vigueur dans tout le Midi, de la coutume de Carcassonne et d'une ordonnance de Saint-Louis, citée au § 1ᵉʳ de nos statuts. Rechercher article par article la part qui revient à chacune de ces sources législatives serait peut-être un travail plus long qu'utile, si on s'en tenait à l'étude de la charte de Réalmont et qui, dans le cas contraire, devrait embrasser tous les documents analogues intéressant l'Albigeois. On pourrait alors fondre ensemble toutes les

---

(1) *Bibl. Nat. Ms. français 780, fᵒˢ 146 et ss.* Ce manuscrit est un recueil factice ayant appartenu à Baluze (nᵒ 436.) Les actes royaux mentionnés ensuite se retrouvent au *Tome VII du Recueil des Ordonnances, p. 193 et ss.*

dispositions de la même nature et en noter les variantes, soit pour faire ressortir les influences diverses qui ont agi sur les rédactions d'une époque déterminée, soit pour marquer les phases successives d'une évolution dant les institutions municipales de notre pays. Mais ce serait pousser à l'excès l'amour de la monographie que de se livrer à un labeur aussi complexe à propos des seuls statuts de Réalmont qui seraient comme perdus au milieu de citations rendues nécessaires par une comparaison continuelle. Enfin nous n'avons prétendu qu'offrir aux érudits que tenterait cette tâche un document jusqu'ici inédit.

Il méritait d'être publié (1) pour les raisons qui précèdent et aussi à cause des conditions particulières où il fut élaboré : c'était, on l'a déjà dit, pour réprimer à jamais l'hérésie. Dès lors on y trouvera des prescriptions visant spécialement ce crime (selon les idées d'alors). D'autre part, on y remarquera quelques mesures dont l'exécution ne devait avoir qu'un effet transitoire et « mettre en train », pour ainsi dire, le mécanisme administratif. Cette circonstan-

______

(1) On n'avait fait jusqu'ici que résumer quelques articles de cette coutume (*Hist. Lang. IX, p. 37; Compayré : Etudes hist. sur l'Albigeois, p. 349*) ; *Perrin* dans son *Histoire des Vaudois, p. 151* en avait publié deux ou trois seulement.

ce, pour n'être pas nouvelle, n'en est pas moins toujours curieuse.

II

On peut distribuer les matières contenues dans la coutume de Réalmont entre les sections suivantes :

I. Administration.
II. Finances.
III. Droit civil.
IV. Droit criminel.
V. Preuves.
VI. Appel.

I. Administration. — Le roi représenté par le sénéchal de Carcassonne nomme les deux officiers qui administrent la communauté, le prévôt et le juge. Ceux-ci doivent être bons catholiques ; ils jurent d'assister l'Inquisition dans la recherche des hérétiques et de sévir contre tous malfaiteurs. Durant l'exercice de leurs fonctions, ils ne peuvent pas acquérir de biens, sans le consentement formel du sénéchal ; ils ne doivent exiger aucun salaire à l'occasion d'enquêtes, ni rien recevoir des agents dont la nomination leur appartient. Leurs conseillers seront d'une probité notoire. Enfin ils veilleront à la levée des deniers royaux.

Le prévôt fait exécuter par ses sergents les sentences prononcées par le juge (§ 1er) ; reçoit le serment des gardes ruraux (*banderii*) (§ 3) et, s'il y a lieu, du syndic que les habitants proposeront à sa nomination, pour la défense en justice des intérêts du consulat (§ 2).

Les consuls, au nombre de 4 à 6, assistés de 20 conseillers, seront choisis pour la première fois par le prévôt et le juge, puis, par ces mêmes officiers, par les consuls et conseillers sortants et par 20 personnes au choix des premiers. Les fonctions municipales dureront un an et nul ne pourra être réélu avant qu'il ne se soit écoulé trois années depuis son remplacement.

Le consulat de Réalmont aura le droit de sceller ses actes d'un sceau spécial et d'avoir ses archives. Ces prérogatives sont d'autant plus précieuses quoique vaines, qu'elles sont les seules qu'on reconnaisse à cette cité, après la faculté importante sans doute mais fort commune aussi à cette époque de répartir ses impôts entre les contribuables. (§ 2).

II Finances. — L'impôt direct, les *tailles*, est affecté à l'entretien de la ville, c'est-à-dire à la construction et à la réparation des murs, des portes, des fossés, de l'église, des chemins, des rues, des fontaines, etc. Les ecclésiastiques seuls en seront exempts en tout temps et quiconque s'établira à Réal-mont ne payera pas de taille pendant un an. Aucun habitant n'en devra à personne qu'au roi, si ce n'est à l'occasion d'un bien possédé à charge d'un service convenu et ceux qui étaient tenus, envers un seigneur sur les terres duquel ils vivaient, d'une servitude (*casalagium*) pourront transiger avec lui. Si chacun est ainsi libre d'établir son domicile dans la nouvelle cité, d'un autre côté il peut le transporter ailleurs : dans ce cas, il restera maître de ses biens meubles et touchera le prix de ses immeubles dont le prévot approuvera la vente en retenant un droit de mutation (*foriscapio*). Tout habitant aura la faculté de prendre dans les forêts domaniales le bois nécessaire à la construction de sa maison, de faire paître son bétail en tous lieux sauf aux terres défensables, d'user des carrières et des eaux (§ 5). En échange de ces privilèges, il contribuera au payement des tailles dont la répartition sera faite par douze personnes choisies par les consuls et leurs conseillers (§ 2).

L'impôt indirect est représenté soit par le droit de mutation des immeubles déjà mentionné, soit par certaines redevances. Ainsi un boucher devra au roi un cens annuel de 5 sous, sans compter la langue de toute vache abattue et un pied de tout porc vendu (§ 14). Un setier de grain moulu au moulin royal donnera lieu à la perception d'une poignée de farine, ou moins, suivant les saisons. Il sera dû, pour le four, un pain sur vingt-cinq. (§ 16).

A ces revenus, il faut ajouter le produit des amendes et celui des impositions extraordinaires exigibles de tous sujets dans des cas déterminés.

III. Droit civil. — Au moyen-âge tout seigneur était intéressé à ce qu'un mariage ne lui procurât qu'un vassal à son gré ; il pouvait, par suite, s'opposer à la conclusion de pactes dont le résultat eût été nuisible à ses intérêts. C'est à cette coutume qu'il est fait allusion au § 10 de nos statuts, où il est interdit à tout représentant de l'autorité publique d'obliger une femme à contracter une union qui lui déplait, ce qui était la conséquence extrême du principe que nous rappelions. Le consentement de la femme n'est pas valable, ni suffisant, si elle s'est fiancée, sans le consentement de ses parents ou tuteur, avant l'âge de 8 ans, et le séducteur est passible de peines corporelles et pécuniaires. Les renonciations aux biens paternels et maternels faites par une mineure de 25 ans mais majeure de 12, au moment du mariage, sont irrévocables après leur confirmation par serment. Il en est de même pour tout contrat ayant pour objet une dot ou une donation *proptes nuptias,* sauf au cas de dol.

La succession *ab intestat* est dévolue aux descendants les plus proches, sans distinction de sexe. Toutefois la fille qui a été dotée n'a rien à revendiquer des biens de celui de ses parents qui a fourni cette dot. A défaut de descendants et d'ascendants, la succession passe aux collatéraux, suivant la règle *paterna paternis, materna maternis.*

Un testament doit être fait en présence d'un notaire et de 5 à 7 témoins et pour tester, il faut être majeur de 14 ans, hors de la puissance paternelle, jouir de ses facultés intellectuelles et n'avoir commis aucun crime. La femme mariée ne peut tester qu'avec le consentement de ses parents, ou, à défaut de ceux-ci, de ses proches, sauf s'il s'agit d'œuvres pies ; elle ne peut léguer à son mari que la « *quarte Falcidie* », et rien « si sibi sit maliciosus vel molestus. » Pour les legs pieux inférieurs à 100 sous, la présence de deux témoins suffit. Ceux qui portent sur des biens en faveur d'établissements religieux doivent être délivrés dans l'an et jour, et, s'ils sont vendus, les parents les plus rapprochés peuvent exercer un droit de retrait. (§ 11.)

Ces dispositions de droit civil se complèteraient, si le rédacteur de la coutume de Réalmont eut voulu tout expliquer, par les règles du droit écrit en vigueur dans toute la région méridionale et par celles de quelques ordonnances royales dont l'une, de Saint-Louis, est mentionnée au § 1er. Telles qu'elles sont, elles fournissent des notions précises sur d'autres sujets que le mariage et les successions : on y trouve en effet des indications relatives à la majorité et à la puissance paternelle, et des allusions à divers autres points de droit.

Les pactes de mariage, les testaments et tous autres actes sont retenus par des notaires agréés par le sénéchal et assermentés. Le salaire de ces officiers est fixé selon un tarif basé sur la nature des actes et sur leur étendue (12 deniers pour un testament, 2 sous pour des pactes de mariage... 4 deniers par palme d'écriture.) Il leur est ordonné de rédiger tous leurs *instruments* en latin et aussi d'aider l'Inquisition dans la recherche des hérétiques. (§ 4.)

Un paragraphe spécial (§ 9) est consacré à la vente. On y lit que l'acquéreur d'une chose volée ne peut, dans aucun cas, la conserver si le véritable propriétaire la revendique ; que la vente d'un objet d'une valeur égale au plus à 20 sous n'est rescindable que dans le cas de dol ; que le seigneur ne doit rien exiger pour l'approbation de ce contrat, ni exercer de retrait lorsque la loi ne lui en accorde pas expressément la faculté. Le droit de mutation dû au suzerain dont meut le fonds vendu porte sur le 13e denier, et sur le 24e pour le transfert d'un droit de créance. Les partages ne donnent lieu à un payement analogue que pour des sommes d'argent représentant une plus value. Enfin la coutume règle dans des termes assez obscurs, les conditions d'une vente d'objets mobiliers : on suppose, si nous avons bien compris cet article, qu'un habitant achète plusieurs choses, ou mieux, la totalité de ces choses (un troupeau, par exemple). Chacun aura le droit de s'en rendre acquéreur, lui aussi, pourvu qu'il paye un partie du prix convenu et il ne pourra se dédire qu'avec le consentement des co-acheteurs. Cette interprétation, si elle est exacte, prouve que la propriété collective s'appliquant, comme on l'a déja vu, aux immeubles du consulat en faveur de la communauté toute entière, s'étendait, dans certains cas, à la propriété mobilière au profit d'un groupe variable d'habitants.

Quoiqu'il en soit, la vente, avant le parfait paiement de la somme stipulée, et d'autres faits juridiques engendrent un droit de créance, une dette. Le législateur a donné ici, avec de nombreux détails auxquels nous renvoyons le lecteur, les règles de la procédure à suivre, suivant qu'il s'agit de dettes d'un intérêt supérieur ou inférieur à 20 sous, que le débiteur est un habitant de Réalmont ou un étranger, et qu'il a contracté personnellement ou que son obligation envers le créancier lui a été transmise. Dans cette dernière hypothèse même la coutume est rigoureuse : l'héritier d'un débiteur est tenu « *ad tunicam* » de désintéresser qui de droit. (§ 6.) Mais les dettes de jeu sont considérées comme nulles et le prêt à intérêt n'est pas admis, si bien que les intérêts payés doivent être restitués. (§ 8.)

D'une façon générale, les frais de procédure ne doivent pas excéder le dixième de la valeur de l'objet litigieux ; toutefois le retard dans l'exécution d'une sentence entraîne une amende égale à un second dixième. (§ 6.)

IV. Droit criminel. — De même qu'en matière civile, le juge est compétent pourvu que le défendeur se trouve dans l'étendue de son ressort, de même, en matière criminelle, il suffit que l'accusé soit arrêté dans les limites de la juridiction de Réalmont. Il n'y a pas lieu de distinguer s'il est étranger ou non, si le crime a été commis là ou ailleurs. (§ 6.) Il pourra éviter la prison, s'il fournit une bonne caution, à moins que son méfait ne soit punissable de mort ou de la perte d'un membre, ou qu'il ait fait des aveux, ou qu'il ait été surpris en flagrant délit. D'ailleurs il est recommandé au geôlier de se montrer humain envers ses prisonniers, de ne pas oublier qu'il est simplement tenu de les garder et non de leur faire subir une peine. (§ 8.)

La procédure ordinaire est la procédure par enquête ; la forme accusatoriale n'est admise que pour les délits peu graves. En règle générale, la peine est pécuniaire et subsidiairement corporelle, lorsque le coupable n'a pas les moyens ou l'intention de fournir des espèces. Enfin les sentences doivent être rendues conformément au droit écrit, sauf dans les cas ci-après énumérés : Le meurtrier est pendu ; la tentative de meurtre est punie de la perte d'une main, du bannissement, ou d'une forte amende ; la simple menace d'une arme, d'une amende de 10 livres. Si le prévôt ou tout autre agent assisté l'un ou l'autre de deux témoins ont constaté un flagrant délit d'adultère, les coupables devront courir nus dans la ville, à moins que le sénéchal ne consente au payement d'une somme d'argent. Tout chef de famille à un droit de correction « *cum virgis et latis* » sur les personnes soumises à son autorité qui auraient commis un vol à son préjudice. Dans tous autres cas, la

peine varie suivant que l'objet volé n'a pas
une valeur supérieure à 2, à 5, à 60 sous :
le coupable est condamné, dans le premier
cas, à une amende de 10 à 60 sous selon ses
ressources, ou bien est mis au pilori pendant deux heures ; dans le second cas, il est
fouetté à travers les rues de la cité ; dans
le troisième, il subit l'amputation d'une
oreille et est banni. Si le vol portait sur une
valeur supérieure à 60 sous, il perdrait une
main ou un pied. La récidive est punie de
la confiscation des biens et du gibet. L'usage
de faux poids ou de fausses mesures en-
traine, la première fois, une amende de 60
sous, et de 100 sous la fois suivante. Le
faux témoin est puni du fouet, banni et ses
biens sont confisqués ; s'il est pauvre, il
est exposé au pilori pendant deux heures
« *cum grafiis in linguis* ». (1) S'il s'agissait
d'une affaire criminelle, il perdrait de plus
la langue. Dans le cas d'un maléfice clan-
destin, on doit sans délai faire une enquête
et le coupable découvert, on lui inflige la
peine encourue ; si les recherches n'abou-
tissent pas, la communauté sur le territoire
de laquelle le méfait a été commis ou les
communautés voisines du lieu du crime

(1) *Graphium* ou *grafium* a le sens spécial d'un
stylet à écrire (V. *du Cange*), et par extension, de
toute pointe acérée.

payent une amende (1). Dans la même hypothèse, si quelqu'un dénonce ou plutôt *accuse* un prétendu coupable et que ses arguments soient reconnus insuffisants, il subit le châtiment qu'il réclamait pour l'autre et l'indemnise. C'est là ce qu'on appelait la procédure d'accusation, distincte de la dénonciation en ce que celle-ci ne faisait pas retomber sur le dénonciateur les précédentes conséquences d'une affirmation inexacte (2). Pour prévenir toute dénégation au moment du jugement, le nom de l'accusateur doit être inscrit au début de sa plainte. (§ 7.)

Des pénalités spéciales peuvent être encourues par les étrangers et par les hérétiques. Un habitant de Réalmont dérobé ou frappé par un étranger a le droit de s'emparer de lui et de le livrer à la justice ;

(1) Il ne sera pas sans intérêt de rapprocher de ces prescriptions les *art. 106 et 107* relatifs à la responsabilité des communes, dans les cas de troubles, de la *loi sur l'organisation municipale du 5 avril 1884*. Dans ces deux textes, de dates si différentes, on constatera des dispositions presque identiques.

(2) Cette distinction est classique. Cependant le rédacteur de cette charte semble ne pas l'avoir admise. Sur ce point, on peut consulter, en outre des textes, l'ouvrage substantiel et précis de notre regretté maître, *M. Adolphe Tardif*, sur *La procédure civile et criminelle aux XIII⁰ et XIV⁰ siècles*. (Paris, 1885, in-8⁰).

dans tous les cas, le coupable n'est autorisé
à pénétrer dans la ville qu'après avoir payé
une amende et indemnisé sa victime. (§ 5.)
Quant aux hérétiques, ni eux, ni leurs
enfants ne peuvent remplir aucune fonction
publique. Leurs partisans ou amis seront
bannis et perdront leurs biens ; leurs fils
seront frappés de l'incapacité déjà mentionnée. Toutefois un hérétique pourra
s'établir à Réalmont, après avoir satisfait
à la pénitence qu'on lui avait imposée, à la
condition que les Inquisiteurs en soient
informés et que ses dépositions aient été
complètes, sinon il serait livré de nouveau
à l'Inquisition et verrait ses biens confisqués. (§ 17.)

A côté de ces peines graves, le législateur
énumère celles que l'on peut prononcer
pour des délits de simple police, à l'occasion surtout de l'exercice d'un métier. Ainsi
le boucher qui vendrait une viande mal-
saine en restituerait le prix doublé et paye-
rait une amende de 10 sous. Il perdrait sa
fortune et sa personne serait à la discrétion
du sénéchal, si l'animal débité avait été
mordu par un chien enragé ou par un ser-
pent. D'autres prescriptions du même genre
ont pour objet la vente des viandes pour
salaisons (§ 14), la mesure des grains ailleurs qu'à la mesure publique, aux jours de
foire ou de marché. Les mesures que les

habitants pourraient avoir chez eux seront soumises, ainsi que les poids, à une vérification. (§ 15.)

V. Preuves. — En matière civile, si l'objet litigieux n'a pas une valeur supérieure à 100 sous, tout témoignage sera admis. On serait tenu de prouver l'honorabilité de témoins qui seraient inconnus dans la ville. Le défendeur peut requérir un délai (9 mois), pour produire des témoins.

Il suffit que deux personnes aient entendu un aveu pour que celui-ci soit aussi valable que s'il eût été fait devant le juge. Il en est de même pour tous aveux ou témoignages devant des arbitres. Mais l'aveu est nul s'il a été obtenu par crainte de la torture, sauf s'il est confirmé plus tard devant le juge et deux prud'hommes.

La coutume n'admet pas les preuves par le duel, par le fer, ni par l'eau bouillante. La question ne peut pas être appliquée à la suite du témoignage d'une seule personne, ni à des gens jouissant d'une bonne réputation, ni plusieurs fois, ni de telle sorte que le patient risque de perdre la vie ou l'usage d'un membre. (§ 12.)

VI. Appel. — L'*appel* était, au sens strict du mot, une preuve par le duel ; on a vu que la coutume de Réalmont ne l'autorisait

pas. *L'appellation,* recours devant la justice, est possible dans tous les cas où la loi
ne l'interdit pas formellement. Elle ne
donne lieu à des dépens que lorsque elle
est rejetée. On procède de la façon suivante : le défendeur se présente au jour
voulu, le demandeur jouit d'un détai pour
fournir ses preuves, l'adversaire a la même
faculté pour préparer les moyens de les
réfuter, puis la sentence est rendue. (§ 13.)

Telle est, en résumé, la charte de Réalmont. Les habitants la trouvèrent impar-
faite et plus tard (en 1340) ils demandèrent
la révision ou la suppression de quelques
articles « *obscurs ou vagues ou même peu
pratiques ou inutiles* ». Leur requête fut
admise pour le prix de 360 livres. (1)

On est tout d'abord surpris en constatant
que les modifications apportées alors aux
statuts primitifs ont la plupart pour résultat d'augmenter les prérogatives, d'ailleurs
jusque-là illusoires, des consuls, à une
époque où l'on tendait à réduire plutôt qu'à
favoriser les libertés municipales. Mais les
attributions de ces consuls avaient été telle-
ment restreintes, à leur origine, qu'elles ne

(1) Les habitants offraient 250 l., le roi en deman-
dait 450 : la quittance prouve qu'on transigea pour
360. (*Rec. des Ordonnances, loc. cit.*)

pouvaient pas l'être davantage ; d'autre part, la concession de quelques droits sans portée politique n'était pas de nature à créer un pouvoir local dangereux. Cette dernière raison explique l'anomalie plus apparente que réelle de la réforme partielle dont il s'agit.

On admit que désormais les consuls recevraient le serment de fidélité aux franchises de la cité prêté jusqu'alors par le prévôt et par le juge devant une assemblée publique (*art. 1ᵉʳ*). C'est aussi devant ces magistrats assistés du prévot ou du juge que le crieur public (*preco*) jurera de remplir honnêtement ses fonctions, et s'il y manque, les consuls pourront requérir les officiers du roi de le remplacer par un plus digne (*art. 7*). En sortant de charge, ils prieront le prévôt de désigner sans délai leurs remplaçants (*art. 2*). Enfin ils nommeront et révoqueront à leur gré un messager qui portera leurs mandements et tous actes relatifs au recouvrement des tailles (*art. 8*).

En matière judiciaire, il est convenu que si quelqu'un introduit une demande verbale « coram eisdem consulibus », dont l'intérêt ne soit pas supérieur à 10 sous, les consuls auront le droit d'entendre le plaignant, que le juge ou le prévôt soit présent ou non, de faire citer les parties et de veiller à l'exécution de la sentence (*art. 9*). Au criminel, toute condamnation devra être prononcée devant deux consuls ; du moins ils devront être convoqués à cet effet, « ut omnes fraudes circa punitionem evitentur » (*art. 5*). Dans les affaires touchant aux privilèges de la ville, le procureur du roi sera tenu de se joindre aux consuls (*art. 11*). D'autre part, le roi reconnaît comme abrogé l'usage établi par la charte mais depuis longtemps tombé en désuétude d'attribuer aux assesseurs ou conseils la dixième partie du litige et un second dixième pour retard dans l'exécution des jugements (*art. 10*).

Pour tout ce qui concerne la voirie, les consuls pourront désormais prendre des décisions, en collaboration avec le prévôt ou le juge (*art. 6*). Les terres défensables seront interdites jusqu'à la fête de St-André et non plus jusqu'à la Toussaint (*art. 5*). Les bouchers qui devaient au roi la langue de toute vache et le pied de tout porc vendus, outre un cens annuel de 5 sous, ne donneront à l'avenir, que la dite redevance en espèces et les langues ou pieds des animaux abattus le jour de la Noël. La coutume en est d'ailleurs déjà établie, comme celle de ne payer qu'un denier par quintal de chair salée et rien pour les vendanges, pour le foin, pour le pastel que l'on pèse aux poids privés des habitants (*art. 10*). Les poids publics seront vérifiés par le prévôt ou le juge assisté des consuls (*art. 4*). Enfin on continuera de tenir les foires de la St-Martin, de la St-Philippe et de la St-Laurent que la charte ne mentionnait pas, tandis qu'il n'y aura qu'un jour de marché par semaine au lieu de deux (*art. 10*).

Le roi, en confirmant les statuts de Réalmont ainsi modifiés, absout de toute peine ceux qui se seraient rendus coupables de quelque entreprise contre son autorité, moyennant une somme d'argent (*art. 12*).

Cette analyse des articles de 1340 montre, comme on l'a annoncé plus haut, que si les droits des consuls sont devenus plus nombreux, ils n'ont cependant pas acquis une importance telle que le pouvoir des agents royaux soit bien sensiblement diminué. Sans doute il est prescrit à ces derniers de statuer sur plusieurs matières, en présence des consuls, mais les jugements ne sont rendus que par ceux qui les prononçaient déjà et l'initiative municipale a exclusivement pour objet d'expédier plus vite les petits litiges, de hâter l'accomplissement des formalités administratives définies désormais d'une façon plus précise : en somme, le rôle des consuls est plutôt un stimulant qu'une action. On voit en outre, si l'on considère que certaines prescriptions de la charte de 1272 n'avaient pas été appliquées, que, en thèse générale, un document législatif n'est pas toujours la meilleure source à consulter pour l'historien.

On peut donc conclure que les articles de 1340, pas plus que la concession d'un emplacement pour construire une maison commune « *absque fortalicio* » faite vers la même époque (1342) aux gens de Réalmont, n'assurent aux consuls aucun pouvoir politique ; toutefois qu'en leur permettant de prendre une part plus active aux affaires de la cité, de veiller de plus près à ses intérêts, ils augmentent leurs prérogatives et constituent, en dernière analyse, un progrès très modeste mais réel dans l'ordre des libertés municipales.

III

TEXTE DE LA CHARTE DE RÉALMONT (12 mars 1272), RATIFIÉE AINSI QUE LES ARTICLES ADDITIONNELS DE 1340, PAR PHILIPPE VI (Paris, avril 1342) ET CONFIRMÉE PAR CHARLES VI, en juin 1388.

Ad honorem Dei patris et filii et spiritus sancti, omnium visibilium et invisibilium creatoris et gloriosissime Dei genetricis, Marie, que sola canceris hereses interemit, nos Guillermus de Cocardono, miles, senescallus Carcassone et Bitterris, notum facimus universis quod nos, pro exellentissimo domino Philipo, Dei gratia Francorum illustri [rege], facientes contrui quandam novam villam in terra domini nostri regis, prope castrum de Lomberio, in diocesi albiensi, vocatam Regalem montem, ad exaltationem fidey catholice et extirpationem heretice pravitatis et domini nostri regis comodum et suorum subditorum et ut hereticorum credentium et fautorum et latronum latibula que diu ibi fuerant in nemoribus circumcirca per hanc populationem funditus devellantur, dicte ville et habitatoribus ejus presentibus et futuris, pro ipso domino rege, damus et concedimus statuta et consuetudines infrascriptas, tam de novis additionibus quam de antiquis consuetudinibus Carcassone, ut paccati et quieti, sub tante *donum* (?) dominationis et juridictione, perpetua feliciter gubernentur. Quarum consuetudinum tituli sub his verbis et numeris inferius colletantur :

Primus de proposito, judice et aliis curialibus.

Secundus de consulibus, consiliariis et sindicis et talliatoribus.

Tertius de banderiis sive custodibus vinearum, camporum et ceterorum.

Quartus de notariis et instrumentis publicis.

Quintus de libertatibus in talhiis, leudis, mutationibus, conductu, usibus aquarum, nemorum et ceterorum.

Sextus de judiciis civilibus et quindenis et aliis dilationibus et pignorationibus et cessione bonorum.

Septimus de injuriis et damnis clandestinis et aliis criminibus et denunciationibus.

Octavus de fidejussoribus et captionibus hominum et usuris.

Nonus de emptionibus rerum furtivarum et aliis foriscapiis.

Decimus de matrimoniis et dótibus et pactis puellarum.

Undecimus de testamentis et intestatis et emancipationibus.

Duodecimus de probationibus per confessionem, vel per testes, vel duellum, vel per tormenta.

Tercius decimus de appellationibus.

Quartus decimus de macello et carnibus viciosis.

Quintus decimus de ponderationibus et mensuris et leuda et salario, censibus, nundinis et mercato.

Sextus decimus de furnis et molendinis.

Septimus decimus de filiis hereticorum, inmuratorum et fugitivorum.

1) Primum de preposito et judice et aliis curialibus.

Imprimis statuimus et 'ordinamus quod dicta villa, cum suis habitatoribus, semper sit in manu domini regis, cum dominatione, cum mero et mixto imperiis et cum omni juridictione et cum omnibus preconisationibus et regatur per prepositum et judicem ibi instituendos a nobis et nostris successoribus senescallis successive, qui ad hoc eligantur veri catholici et fideles, Deum, justiciam et misericordiam amantes, qui, antequam aliquid administrare, jurabunt in publica assizia quod, quandiu predictum locum regent, ad investigandum et capiendum hereticos, credentes et fautores eorum et latrones et alios homines sceleratos et adjuvandum inquisitores heresis et eorum nuncios in his que pertinent ad negoticium fidey, totis dabunt operam viribus efficacem et quod jus reddent omnibus, absque omin acceptione personarum, secundum jura et statuta regalia et consuetudines infrascriptas et quod eas inviolabiliter observabunt et quod ipse prepositus sentencias ipsius judicis fideliter exequetur et quod ea omnia fideliter custodient que in statutis domini Ludovici inclite recordationis regis Francorum continentur que, post salutatione, incipiunt « Ex debito regie potestatis »; (1) jurabunt etiam quod jura et redditus domini regis fideliter colligent et colligi facient per fideles collectores qui jurabunt quod plusquam debeatur vel aliqua servicia occasione hujusmodi officii non recipient nec requirent.

Item statuimus quod nec ipse prepositus nec aliquis curialium dicti loci teneat aliquas possessiones per se vel per alium quandiu fuerit curialis, nec aliquid faciat in fraudem ; et si contra hoc emerint, ipse res empte domino regi confiscentur, nisi fiat cum laudamento et assensu senescalli Carcassone. Jurabunt etiam quod nullum dolosum consilium prestabunt, nec dolosam suggestionem facient senescallo, vel alicui alii superiori ipsorum, in damnum alicujus. Quod si fecerint, per arbitrium senescalli puniantur et de bonis eorum damnum passo vel injuriato pro tali malo consilio integre satisfiat. Jurabunt eciam quod malos vitabunt consiliarios et bonis adherebunt et quod in causis que agentur coram ipsis notitiam partium sustinebunt, sed per omnia juste et equaliter se habebunt. Item quod pro inquisitionibus per curiam faciendis pro criminibus

---

(1) Voy. *Recueil des Ordonnances, T. 1*er *p. 67 et ss.* Celle dont il s'agit ici est datée de décembre 1254.

vel delictis, vel pro juribus domini regis requirendis, nullas levabunt expensas, nec etiam pro aliis causis civilibus audiendis vel terminandis, nisi decimam partem litis estimationis [sicut] in statutis regalibus precavetur. Item a bedellis vel aliis servientibus quos instituerint in curia aliquid non recipient, nec pro aliquo precio, vel servicio ponent nec sustinebunt quod, pro pignorationibus vel citationibus, recipiant ultra justum, videlicet, in ipsa villa, de pignoratione vel citatione, unum denar. turonen. et, ultra villam, pro dicta, duodecim denarios turonen ; et si sit minus quam dicta, minus eque, ad arbitrium legalis judicis, vel pepositi supradicti. Item statuimus quod ad aliquod officium publicum non recipiatur aliquis credens vel fautor de heresi, vel de aliquo alio enormi crimine infamatus manifeste.

2) *De consulibus, conciliaribus et sindicis et talhatoribus.*

Statuimus eciam quod in dicta villa semper sint quatuor vel sex consules et viginti consiliarii qui prima die anni mutentur annuatim. De ista prima vice, a preposito et judice et universitate vel majori parte, deinde a preposito et judice et a consulibus et consiliariis et ab aliis viginti probis hominibus de ipsa villa per prepositum et judicem eligendis annuatim eligantur. Qui vero consul fuerit postea usque ad tres annos completos non possit esse consul. Predicti vero consules aliquam juridictionem vel juridictionis speciem non usurpent, nec officium sindicatus ; sed cum pro causis universitatis agendis vel in proximo movendis, vel apparentibus moveri, ipsi consules viderint sindicos fore eligendos, adheant prepositum, pacifice et benigne requirentes quod ipsam universitatem, per vocem preconis, cum tuba vel cornu, in aliquo certo loco faciat congregari ad sindicos eligendos qui ternarium numerum non exedant, quod prepositus sine difficultate facere teneatur. Cause vero ad quas eligentur exprimantur dicto preposito et ponantur in testamento sindicatus et sic electi sindici ab ipsa universitate, vel a majori parte, a preposito et judice, vel eorum altero, decreto (inter) interposito confirmentur, prestito ab eis in manu eorum prius juramento quod in dicto officio fideliter se habebunt. Predictis autem causis finitis ad quas sic eligentur, sindici esse desinant ipso facto, nec de aliis causis vel negociis se intromittant, nisi de illis ad quas fuerint sic electi. Si vero pro hujusmodi causis expensas fecerint moderatas, ad requisitionem ipsorum universitas eisdem solvere teneatur, de quibus reddant bonum et legale compotum consulibus et juratis, hoc proviso quod, quando tallia pro his, vel pro aliis, fuerit facienda, antequam fiat ordinetur et dicetur inter ipsos consules et juratos de quanta summa et pro quo negotio fuerit facienda, ut omnis fraus evitetur. Ad tallias autem hnjusmodi et alias, quando contingerit faciendas et taxandas, sex probi homines de majoribus et tres de mediocribus et tres de minoribus ad ista eligantur a consulibus et juratis, qui super sancta dei evangelia jurent publice, coram ipsis, quod, juxta facultates singulorum hominum dicti loci, eis taxabunt quantum quilibet debeat contribuere, ad suum legale arbitrium, bona fide et quod scienter et credenter neminem in his alleviabunt, vel grevabunt, sed per omnia fi-

deliter se habebunt. De hujusmodi autem talhiis ad ipsam comunitatem spectantibus nullus habitator dicti loci excusetur, eciam occasione *confratrie* (1) alicujus religionis, nisi se-
culo renunciaverit et habitum ipsum religionis deferat manifeste. Predicti vero consules
possint habere sigillum ad necessaria commu-
tatis et consulatus licita et honesta et archam
comunem.

3) *De banderiis vive custodibus vinearum, camporum et ceterorum.*

Ad custodiendum autem vineas et ortos,
prata, devesias et blada camporum, duo vel
tres banderii vel custodes a consulibus et juratis ydonei eligantur annuatium et preposito
presententur, in cujus manu jurent. Quod in
his, per omnia, nulli culpabili parcendo, preter
precibus vel promissis vel alio quoquo modo,
quibus sic juratis et eorum cuilibet credetur
de his que super facto banni dicent sub dicto
juramento se vidisse, preterquam de rixa
propria vel violenta quam nulli debent facere ;
et si fecerint, eis in facto illo non credetur.
De penis vero banni due partes erunt regis et
tercia custodum predictorum, que pene tales
erunt : homo vel mulier si, contra edictum,
de die intraverit pratum, vinam, campum bla-
datum, vel devesiam, vel ortum alienum, stabit in pillorio per spacium duarum horarum,
vel dabit duodecim denarios pro banno et in
duplo ressarciet damnum passo ; de nocte vero,
quinque solidos turonensium dabit pro banno..
Si vero in eis de nocte caules collegerit, vel

(1) Pour *confratore.*

racemos, vel modicos fructus alios alienos,
sexaginta solidos turon. dabit, vel, si non solverit, per tres horas in pillorio stabit. Si vero
fuerit magna quantitas, ut infra, et furtis dicetur, punietur. Animal vero grossum, scilicet
equynum, bovinum, azinum, mulinum. presta-
bit quatuor denarios, porcium duos denarios,
ovinum vero et caprinum obolum. De nocte
vero, quadruplum persolvent et dominus vel
custos, quinque solidos turon. ultra et damnum
in duplo emendabunt. Vinee autem et orti per
totum annum custodientur ; prata vero et deve-
sia a carnisprivio usque ad festum omnium
sanctorum deffendentia et eciam a porcis pei
totum annum, sub bannis supradictis.

4) De notariis et instrumentis.

Instrumenta autem in dicta villa vel ejus t
nemento nullus possit facere publica, nisi n
tarii domini regis per senescallum Carcasson
publicati. Notarii autem jurabunt quod in o
ficio notarie per omnia fideliter se habebun
secreta servando ea que eis secrete dicentur
secrete esse debent et publice faciendo ea qi
sunt publice facienda et quod jura domi
regis, pro legali posse suo, custodient et s
vabunt et quod de aliquibus contractibus il
citis scienter non tractabitur, nec inde facie
instrumenta ; nec in instrumentis aliqi
scribent, nisi prout coram ipsis et testib
ad hoc vocatis condictum fuerit inter partes
quod hereticos credentes et fautores, pro po
suo, prosequentur et ad investigandum et
piendum ipsos inquisitoribus et eorum n
ciis dabunt consilium et juramen. Statuin
eciam quod instrumenta omnia scribant

latino acta et prothocolla, sive notas, et nullus
sit ibi notarius in sacris ordinibus constitutus
ad quos, cum pervenerit notarius, esse desinat
ipso facto. Pro scriptura vero non recipiant de
litteris ultra tres denarios turonens. de instrumentis debitorum et octo denarios de instrumentis possessionum, duodecim denarios de
testamento, duos solidos de instrumentis nup-
cialibus, totidem de palmo quadrato actorum
quatuor denarios et non ultra.

5) *De libertatibus in talhiis, leudis, mutationibus, conductu, usibus aquarum et nemorum et
ceterorum.*

Statuimus eciam quod dicta villa et habitan-
tes in ea perpetuo, undecunque venerint, ab
omnibus talhiis, passatgiis, broatgiis, (1) jor-
nalibus personarum et animalium semper sint
liberi et immunes et de omnibus mutuis et
serviciis cohactis, preterquam de talhiis quas
ibi continget fieri pro fossatis, muris, portis
ville, fabrica ecclesie et aliis similibus que debent spectare ad ipsam universitatem manifeste
et preter hoc quod domino regi facient exercitum, cavalcatam, quando alie gentes de terra
exibunt, preter hos tres primos annos in quibus ad cavalcatam vel exercitum non exeant,
propter onus domorum suarum faciendarum.
Extunc autem extraneus homo ibi veniens ad
manendum et uxorem ibi ducens de his per
annum erit liber. Pro terris autem quas habe-

(1) *Broa* signifie une limite, une frontière ; d'où
broatgium doit avoir le sens d'un droit perçu à
l'entrée de marchandises dans un territoire. (Voy. Du
Cange *verbo* Broal. — Broatgium ne s'y trouve pas.)

bunt in aliis villis, vel territoriis, nemini dabunt talliam ; sed eas tenebunt libere, solvendo inde dominis a quibus eas tenebunt, census debitos et terre merita consueta, preter cazalagia pro quibus erant homines dominorum in quorum castris manebant, que ipsis dominis remanebunt, vel inde cum ipsis concordabunt. Item nullus alius dominus possit habere hominem in dicta villa cum sit propria domini regis. De leudis autem et taxis que dantur pro mensuragio habitatores dicte ville ibi perpetuo sint immunes. Si vero sint extraneorum socii vel captali, pro ea parte sint immunes quam in hujusmodi societate vel lucro habebunt. Iniqua interdicta panis, vini, feni et rerum omnium aliarum a dicte villa perpetuo exclusa [sunt], sed quilibet, quando voluerit, ea vendat, nec alicui suum legale officium interdicatur ibidem. Quicumque autem a dicta villa voluerit recedere, hoc possit facere licite cum omnibus bonis suis et cum precio suarum rerum immobilium et quarum venditiones prepositus laudet cum foriscapio sine difficultate. Aliquis extraneus qui habitatorem dicte ville graviter percusserit, vel vulneraveri, vel robaverit, non intret dictam villam donec hoc emendaverit domino regi et lezionem passo ; quod si fecerit, injuriatus cum amicis possit ipsum capere, non vindicando se, et curie reddere puniendum. Preterea habitatores dicte ville habeant usum lignorum in nemoribus que nunc sunt domini regis ad construendum ibi domos et usum pascendi libere animalia sua undique, que revertentur ad villam ad jacendum, vel ad ovilia que sunt ad firmandum, devesiis debitis exceptis, et usum aquarum et lapicidinarum et piscandi in aquis.

6) De judiciis civilibus et quindenis et aliis dila-
tionibus et pignorationibus et cessione bonorum.

De aliquibus causis curia non levet expensas
pro assessoribus sive consiliis, vel quolibet
alia occasione, nisi tantummodo decimam
partem litis, prout in regali statuto continetur.
Quilibet extraneus in curia dicte ville, in criminibus et quibuslibet contractibus, teneatur
respondere, si ibi inveniatur, licet alibi con-
traxerit, vel deliquerit et eciam licet ibi non
inveniatur, ratione delicti vel contractus ibi
facti, ibi respondere teneatur. Quilibet habitator dicte ville debitorem suum, ibi inventum
fugere volentem vel suspectum possit arrestare
et ad curiam ducere, nec res ejus, donec sa-
tisfecerit vel ydonee satisdederit, liberaverit.
Quicunque, post rem judicatam, non solverit
infra duos menses, bona ejus auctoritate ab
ipso debitore distrahaverit et ad hoc, si sponte
non fecerit, per curiam compellatur. Pretium
autem bonorum ejus inter creditores jus sum
prosequentes pro ratya dividatur, salvis eorum
privilegiis, et ipsi debitores, de evictione promittant vel non promittant, omnino teneantur
et eorum heredes qui, si vendere noluerint,
capti in curia teneantur donec vindiderint et
satisfecerint, vel se non posse solvere jurave-
rint et bonis usque ad tunicam cesserint,
cedendo creditoribus actiones, si conventus
petat libellum debite et si summa sit viginti
solidorum vel ultra; et si sit factum proprium
de ipso, statim respondeat, vel saltem in
crastino; si vero sit factum alienum. octava
die respondere teneatur, que sit ei peremp-
toria, nisi probet se legitime fuisse impedi-

tum. In debitis, sine exceptione, confessato
detur quindena ad solvendum ; et si creditor
sit extraneus, non dentur nisi tres dies tantum. Condempnatis autem per sententiam
citra quatuor menses ad arbitrium judicis
dilatum (1) concedatur. Si quis jus dicenti
non obtempetans die non solverit assignata,
aliam decimam partem debiti persolvat curie
pro amenda. Cause minime citra summam
viginti solidorum ex non scripto et sine libello
audiantur et infra quindecim dies decidantur;
in aliis autem causis detur libellus, si peta-
tur, et lite contestata actor non habeat nisi
tres dilationes ad fundandum et probandum
intentionem suam et reus totidem ad ponen-
dum et probandum defensiones suas, pro
replicationibus autem vel triplicationibus
unam tantum et pro objectionibus testium
ponendis et probandis aliam et cum his tantum dilationibus cause omnes decidantur ad
parcendum laboribus et expensis. Semper
tamen victus victori in litis expensis con-
dampnetur.

7) *De injuriis et damnis clandestinis et aliis
criminibus et denunciationibus.*

De aliquibus injuriis curia per inquestam
non cognoscat, nec puniat, sed per querelam
agentis, nisi gravis percussio vel sanguinis
efusio intercedat, vel nisi quis vocaverit honestam personam contumeliose proditorem, vel
furem, vel perjurium, vel honestam mulierem
conjugatam vel viduam meretricem, vel chris-
tianum judeum, vel sarracenum, vel catholi-

(1) Au lieu de *dilato*.

cum hereticum, de quibus inquirat curia et competenter puniat per inquestam. Et si his vel aliis gravioribus injuriis condempnatus solvere non poterit, luat in corporc pro legali arbitrio judicantis. Si vero de injuriis civiliter agatur, curia inde habeat decimam, sicut de aliis causis, pro emenda. De aliis autem criminibus inquirat curia et puniat secundum jura scripta, preter casus subsequentes in quibus puniat in hunc modum. Quicunque cultellum, vel gladium extraxerit injuriose invadendo ad feriendum alium, licet non percusserit, in decem libris turon. puniatur. Si vero percusserit [abs]que mortis periculo et absque atroci vulnere, manum amittat, vel aliter, ad relegationem ad tempus, vel peccuniarie, per arbitrium judicis, pro personarum et delicti qualitate, puniatur. Si vero mors inde sequatur, tanquam homicida in furcis suspendatur. Pro adulterio aliquis vel aliqua non capiatur nec puniatur, nisi in ipso facto, vel suspectus cum suspecta, solus cum sola, in loco suspecto, per prepositum vel servientes curie, semper cum aliis duobus testibus ydoneis, fuerint deprehensi; nec tunc eciam aliter puniantur, nisi quod ambo nudi per majorem viam dicte ville ab introitu usque ad exitum per curiales ducantur et quod sic puniti nichil de bonis suis amittant, nec de villa expellantur. Predictam autem penam possit senescallus, si rogetur et ei videatur, in penam pecuniariam commutare. De furtis autem que fient a personis domesticis curia non se intromitat, sed parentes et mariti, vel cognati, in quorum sunt potestate, vel cura, vel eorum magistri eos possint cum virgis vel latis castigare. Quos domesticos inteligimus uxores, filios, liberos et nepotes et servos in omni etate et discipulos et scholares et mercenarios (*impuberes*) (1) mares et feminas qui sunt de familia quothidiana; et sic autem persone ibi domicilium tenentes de furto facto usque ad valorem duorum solidorum puniantur in decem solidis usque ad sexaginta solidos, juxta suas facultates, quos si non solverint, in pillorio ponentur per spatium duarum horarum moraturi. Si vero furtum fuerit a duobus usque ad quinque solidos. per villam fustigentur, cum tubis et precone, nec aliter puniantur. Si vero fuerit de quinque solidis usque ad sexaginta solidos, aurem perdent et de terra expellantur, et de sexaginta solidis vel ultra, manum vel pedem. Qui autem signatus de aure, pede, vel manu amputatus, vel de ferro in facie, si postea furetur, commotus inde legitime suspendatur, bonis ejus confiscatis. Qui autem commotus fuerit falsum pensum vel falsam mensuram exercere, prima vice in sexaginta solidis puniatur, deinde in centum solidis quotiens hoc committet, quos si solvere non potuerit, alias arbitrarie puniatur. Falsi testes fustigentur et dentur in exilium, bonis omnibus confiscatis; et si fuerint pauperes, ultra ponantur in pillorio per duas horas cum grafiis in linguis et in causa vero criminali lingue eis amputentur, bonis similiter confiscatis. Si damnum in dicta villa vel ejus territorio alicui clandestine inferatur, ut per incendium, occisionem, vel vulnerationem animalium, effusionem vini, vel oley, fracturam rerum et hujusmodi que destructa inco-

(1) *Impuberes* « rasi et emendavi » , écrit le copiste. (*V.* à la fin des coutumes.)

modum alterius non redimatur, curia statim
inde sponte inquirat et, comperta veritate,
malefactorem puniat penis legalibus et bonorum confiscatione, de quibus bonis primo
satisfaciat damnum passo. Si vero veritas non
potuerit inveniri, de damno dato ei satisfiat
(si pena) a communitate dicte ville, facta
taxatione a judice cum juramento damnum
passi, vel eciam a communitate ville alterius
in cujus territorio hoc continget, in omni casu
aliis villis in hoc contribuentibus que erunt
proximiores in loco maleficii *cum* (?) ipsa villa
in cujus territorio erit factum. Quicunque
contra certam personam, per modum accusa-
tionis. vel denunciationis. vel signifficationis,
in curia crimen detulerit, si in probatione
defecerit, eandem penam patiatur quod reus,
si convinceretur, pateretur, vel alias competenter puniatur et reo in expensis condempne-
tur ; et ob hoc semper in principio actionis
scribatur nomen denunciantis.

*8) De fidejussoribus et captionibus hominum et
usuris.*

Nullus pro crimine, vel aliquo delicto, capiatur, vel in carcerem ponatur, qui velit et val-
leat ydonee satisdare, nisi criminis enormitas
(hoc) requirat penam (habens) mortis vel mu-
tillationis membrorum, nec tunc eciam, nisi
confessione propria sponte facta vel probatione legitima sit convictus, vel nisi tam vio-
lentibus presumptionibus arguatur, quod
judex cognoscat ipsum esse de jure persona-
liter detinendum. Carcer autem detinendo-
rum merito sit humanus, non accerbus ad
puniendum inclusos, sed ad custodiendum

ipsos, caute fidejussores, filii, vel heredes in
vita sua, lapso termino, persolvendi vel fide-
jussioni parendi sint conventi. Semper sit
licitum creditori reum principalem vel fidejus-
sorem, quem prius voluerit, couvenire, remedio divi Adriani epistole et nove constitutionis
et auctentici de duobus reis cessante. Si quis
fidejusserit pro lusore ad aleam, vel taxillos,
alicui mutuanti vel ludenti in nullo teneatur,
nec eciam obligetur, nec in talibus pignoris
obligatio veleat, sed tanquem indebitum, tam
pignus quam lusa peccunia revocetur ; et idem
statuimus de usuris et quod nulli agenti ex
contractu usurario audiencia prebeatur ; ymo
quicunque usuras receperit eas restituere
compellatur.

*9) De emplionibus rerum furtivarum et aliis
et foriscapiis.*

Si quis emerit rem furtivam, licet publice et
coram testibus, bona fide, probanti se domi-
num eam libere restituere teneatur. Emptor
autem provideat sibi de evictione esse cautum,
ne tantum in damnum precii incidat, sed
eciam in suspicionem criminis, nisi sit bone
fame et testes habeat emptionis. Qui prior est
in emptione, vel pignore, cum laudamento
domini ad quem spectat, potior sit jure, salvis
privilegiis, lege, indultis. In rebus mobilibus
modici valoris circa viginti solidos deceptio
ultra dimidiam justi precii non noceat si de-
ceptus sit perfecte etatis et discretus, nisi
dolose sit inductus. Laudamenta venditionum
non vendantur et donentur, nec dominus rem
venditam quam debet laudare retineat ut alii
eam vendat, sed ad opus sui hoc possit facere

prout cavetur de jure. De curialibus ementibus
supra in primo titulo continetur. Dominus pro
laudamento possessionis que tenetur ab ipso
percipiat tercium decimum denarium ab
emptore et de obligata pignori vicesimum
quartum ab ipso obligante, si pignus transfe-
ratur. De divisione possessionum inter aliquos
comunium non detur foriscapium, nisi pro
pecunia que ab altera parte alteri parti pro
magis valencia conferetur. Si quis in dicta villa
emerit aliquas res mobiles vel se moventes,
alii ibi presentes partem habeant in re empta
si statium dixerint partem se velle habere et
pro ea parte statium pretium *solverint* (1) ven-
ditori preterquam de his que quis ad suum vel
sue familie usum emit ; ille vero qui partem
petierit non posset, aliis invitis, resilire, sed
solvere compellatur.

*10) De matrimoniis et dotibus et pactis puel-
larum.*

Nullus dominus vel alius compellat mulierem aliquam ad nubendum, vel consentiendum
matrimonio, quod non optat. Quicunque autem puellam minorem detinet octo annis, sibi
matrimonialiter obligaverit, sine parentum,
vel sine tutorum, vel sine curatorum voluntate,
persona et omnia bona ejus sint ad puniendum in domini voluntate. Pactiones autem et
renunciationes quas puelle faciunt parentibus
de bonis aliis quando conjugantur et dotantur,
licet viginti quinque annis sint minores, duodecim annis majores, rathe sint imperpetuum,
dummodo earum sacramento sint firmate. De

(1) Au lieu de *solverit*.

dotibus et donationibus propter nupcias pacta equalia vel inequalia, prout partes convenerint, conserventur, nisi gravis deceptio intercedat.

11) De testamentis et intestatis et emancipationibus.

Bona descedentium ad eos, sine impedimento domini, devolvantur ad quos, ex testamento, vel ut proximiores ab intestato, pertinebunt, ita quod aliquis pro domino aliquid inde non accipiat, nec aufferat, nec eciam contradicat. Filia maritata a patre et dotata et alios liberos in potestate habente nichil postea in bonis possit paternis petere, sed integre remaneant filiis et filiabus non conjugatis in paterna remanentibus potestate, nisi pater ibi postea donaverit vel dimiserit sua sponte et idem sit de bonis maternis, si a matre fuerit conjugata et dotata. Mares autem et femine succedant equo jure et quilibet major quatuordecim annis de bonis suis possit testari, dummodo sit extra patriam potestatem et crimen vel morbus non repugnet. Filius vel filia conjugati paterna voluntate pro emancipatis habeantur. Bona paterna descedencium ab intestato, sine heredibus ascendentibus vel descendentibus, ad proximiores ex paterna linea devolvantur, materna vero ad proximiores x materna linea. Nullum testamentum valeat sine septem aut quinque testibus ydoneis et rogatis qui, si interfuerint cum publico notario, pro omni juris sufficiant solempnitate. Filia conjugata non testetur absque parentum suorum consilio vel, eis defficientibus, sine suorum propinquorum voluntate, nisi legando piis locis vel miserabilibus personis ; nec ma-

rito possit legare de bonis suis ultra quartam,
nec eciam aliquod si sibi sit maliciosus vel
molestus. In minutis legatis ad pias causas
citra servicium centum solidorum sufficiant
duo testes, ultra autem, quinque testes. Statuimus ad hoc veri possessiones autem quas
quis locis religiosis vel clericis legaverit pro
remedio anime, infra annum et diem, cum
laudamento domini a quo tenebuntur, distra-
hentur, foriscapio domino persoluto; proximiores vero testatores pro precio quod alius
dare voluerit eas possint pre aliis retinere.

*12) De probationibus per confessiones, vel per
testes, vel duellum, vel per tormenta.*

Quivis testis notus, ydoneus et legalis credatur in bonis mobilibus usque ad ·summam
vel valorem centum solidorum cum juramento delato a judice producenti. Si quis,
causa non adjecta, coram duobus ydoneis testibus et rogatis in judicio vel extra confiteatur
cuique presenti aliquid se debere, perinde
valeat ac si causam adjecisset, nisi probet in
facto se errasse. Ignotis testibus non credatur,
nisi aliquod forisfactum ipsis a casu presentibus admittatur, vel nisi appareant honorati
vel vite inculpabilis et modeste. Si quis dilationem novem mensium juxta legem petat pro
testibus producendis, nomina eorum exprimet,
ac in actis redigantur ; et si illos die non pro-
ducet (1) assignata, extunc omnis productio
sit negata. Confessiones, testifficationes et alia
coram arbitris agitata valeant in curiis ac si
ibi essent facta. Duellum, vel judicium ferri

(1) Au lieu de *produxent.*

candentis, vel aque ferventis, vel alia similia canonibus vel legibus improbata in curia dicte ville nunquam fiat. Nemo bone fame in questione tormenti, licet sit pauper, eciam ad dictum unius testis supponatur, nec confessio facta per metum tormenti valeat, nisi confitens coram judice et aliis duobus bonis viris sponte postea perseveret ; nec tormentum alicui iteretur, nec eciam tale fiat in quo sit mortis periculum vel membrorum.

13) De appellationibus.

Si quis factum proprium juramentum negaverit postea inde. convictus non possit appellare ante deffinitivam sentenciam, nisi in casibus a lege concessis. Nullus appellans audiatur si a deffinitiva sentencia in casibus a jure concessis et tempore legitimo fuerit appellatum. Alique expense ab appellationis judice non leventur, sed appellans male appellasse per sentenciam convictus arbitrarie, secundum facultates et personam et negocii qualitatem, a quinquaginta solidis usque ad viginti libras turonencium puniatur. In causa vero appellationis, prima die assignata post libellum oblatum respondeat appellatus, appellans unam tantum dilationem competens habeat ad proponendum et probandum et appellatus aliam ad proponendum et probandum pro sua sentencia deffendenda, extunc autem dies ad decidendum assignetur in qua appellationis questio terminetur.

14) De macello et carnibus viciosis.

Macellum dicte ville sit semper domini regis cui pro quolibet tabula macelli, ad modum Carcassone, dabuntur in festo natalis domini annuatim quinque solidos turonensium censuales ; habebit ibi eciam lingas vacarum et de quolibet porco unum pedem qui vendentur in macello. In dicto vero macello carnes yrcinas, caprinas morbosas vel aliter viciosas nullus vendat ; quod, si fecerit, precium in duplo restituat et in decem solidis puniatur, carnibus pauperibus errogatis. Si quis carnes morticinas de morsu canino furioso vel serpentino ibi vendiderit, bona ejus confiscentur et persona ejus sit in voluntate senescalli ; si autem carnes fecentes pro salsatis, persolvat curie decem solidos, emptori precio restituto, et carnes amittat.

15) De ponderibus et mensuris et leuda et salinis censibus, nundinis et mercato.

Pondera, mensure, leuda et salinum et mercatum, nundine et census erunt in dicta villa et ejus territorio domini regis, sicut sunt Carcassone et ad formam que ibi conservatur : mercatum scilicet die lune et veneris qualibet septimana et nundine in dominica ante festum penthecosten per tres dies annuatim. Quilibet autem habitator dicte ville poterit suam mensuram ad domum habere ad suum bladum mensurandum ad formam mensure regie, ita tamen quod eam non accomodet extraneis ad mensurandum de omni blado quod extranei ibi vendiderint ; rex habebit mensu-

ratgium et qui tum alia mensura bladum extraneum mensuraverit ad vendendum, sine consilio mensuratorum domini regis, arbitratorie
usque ad sexaginta solidos punietur. Pensa
vero et mensure frequenter recognoscantur ne
falsentur minuendo vel augendo.

16) *De furnis et molendinis.*

Furni et molendini dicte ville et ejus territorii erunt regis qui ea semper tenebit de omnibus necessariis preparata et dabitur pro
moltura de quolibet sestario una ponheria, a
festo sancti Johannis Baptiste usque ad natale
domini, et a festo natalis domini usque ad
festum sancti Johannis, de tribus eminis una
ponheria molendinis. Pro pane vero decoquendo, pro fornatura et maudagio, dabitur domino
vicesimus quintus panis.

17.) *De filiis hereticorum, immuratorum et fugitivorum.*

Quia non invaluit hereticorum dampnanda
perversitas et non solum merito ferenda sit
ultioni ipsorum actorum scelerum, sed eciam
in progeniem dampnatorum, statuimus et
ordinamus quod filii hereticorum, sponte per
se ipsorum, relicto errore, non redierint ad
catholice fidey puritatem et ecclesiasticam
unitatem, in villa Regalismontis vel ejus territorio, ad honores aliquos vel aliqua publica
officia nullathenus admittantur et idem in filiis
relapsorum vel relapsarum in heresim abjuratam qui non vocati nec accusati relapsum suum
confessi non fuerint, necnon et de filiis fugitivorum vel fugitivarum pro heresi qui vel que de fu-

ga sponte non redierint et ecclesie reconsiliati non fuerint ante mortem [hoc] per omnia et in omnibus observetur. Item credentes hereticorum et receptatores eorum seu fauditorum pro heresi, vel quocumque modo fautores eorum, postquam tales per ecclesiam manifestati vel declarati fuerint, confiscatis bonis suis omnibus, a villa Regalismontis perpetuo relegentur et ipsorum filii ab omnibus honoribus et officiis publicis penitus excludantur, nec ad ea aliquathenus ulterius assumantur, nisi forte aliquis de filiis credentium, seu receptatorum, vel fautorum hujusmodi hereticos manifestos reddierit vel faiditos pro heresi per quos negocium inquisitionis valeat promovere ; quos si reddiderit, in fidey premium quam agnovit ipso facto, ad pristinam famam benefficari restitutione in integrum consequetur. Item quicumque penitenciam habuerit, sine contibus vel cum contibus, pro heresi, vel tanquam suspectus de ipsa ab inquisitore vocatus fuerit, si ad villam Regalismontis se mutare et domicilium suum ibi transferre voluerit, ad communitatem ville predicte non recipiatur nec de ipsa communitate fiat antequam hoc inquisitoribus inthimetur ; quod si de penitencia vel vocatione predictis interrogatus celaverit veritatem et de eadem postmodum per inquisitorem vei aliter constiterit, reddetur ipsis inquisitoribus, retentis et confiscatis omnibus bonis suis, non de facili ad villam predictam ulterius admittendus. Si vero in premissis vel aliquo premissorum, prout et in quantum fidei tangunt negocium, aliquod ambiguum apparuerit vel obscurum, inquisitores heretice pravitatis qui pro tempore in terris domini regis auctoritate apostolica fuerint depputati illud quod ambiguitatis vel obscuritatis fuerit interpretari et declarare poterunt quotienscumque necesse fuerit, secundum quod promotioni negocii inquisitionis et augmento ipsius fidey viderint opportunum et in ceteris senescallus Carcassonne.

Acta fuerunt hoc apud Carcassonam in presencia et testimonio magistri Bartholomei de Podio, domini nomine regis Francorum clerici judicis carcassonensis, qui de mandato predicti domini senescalli hoc, tam de antiquis consuetudinibus Carcassone quam statutis domini regis et novis additionibus ipsius domini senescalli, hec collegit et sub predictis titulis collocavit, cum multorum sapientium consilio et domini Raymbaudi de Salve, judicis domini senescalli, domini Raymundi de la Cousta, doctorum legum, magistri Hugonis Chamary, judicis Fenoldesii, magistri Bernardi Amat, Philippi de Fossatis, notariorum, Petri de Provino, vicarii Carcassone et castellani, Fabri, receptoris domini regis, et mei Guillermi Serdam de Podio Nautherii, publici notarii, qui mandatus a predicto domino senescallo hec scripsi et redegi in hoc publicum instrumentum et signavi anno incarnationis dominice millesimo ducentesimo septuagesimo primo quarto idus marcii, Philippo rege Francorum regnante ; et in lviii^a linea rasi et emendavi impuberes.

Ad hoc nos Guillermus de Coardono, miles, senescallus Carcassone predictus, in testimonio predictorum, ad perpetuam firmitatem, presenti pagine sigillum nostrum duximus apponendum.